Heike Saalfrank · Eva Goede

Abschied von der kleinen Raupe

Heike Saalfrank · Eva Goede

Abschied von der kleinen Raupe

Auf einer großen Wiese am Waldrand lebten einmal zwei Freunde. Sie hießen Schmatz und Schmierle. Schmatz war eine kleine Raupe. Sie wohnte in einer schönen Blume. Schmierle war ein kleiner Schneck, und er trug sein Haus immer auf dem Rücken mit sich herum. Die beiden waren richtig dicke Freunde. Jeden Morgen, sobald Schmierle aufgewacht war, schüttelte er sachte an Schmatz' Schlafblume und rief: „Guten Morgen, Schlafmütze! Was machen wir heute?" Dann kam Schmatz am Stengel heruntergeklettert. Die beiden Freunde streiften bis zum Abend miteinander durch die Gegend und hatten eine Menge Spaß zusammen.

Ihr Lieblingsspiel war Purzelbäume-
schlagen, und das ging so: Zuerst krochen sie auf einen Maulwurfshügel
oder eine Baumwurzel hinauf. Oben hielten sie sich aneinander
fest. Dabei bog Schmatz sich so, dass ihr Rücken ganz rund war.
So kullerten sie zusammen den kleinen Hügel hinunter, bis ihnen
schwindlig wurde.

Ganz in der Nähe der beiden lebte die alte Schnecke Lale.
Sie war bei den Tieren im ganzen Wald bekannt, weil
sie oft wunderbare Geschichten vortrug. Wenn sie
erzählte, saßen alle anderen Tiere mucksmäus-
chenstill um sie herum und hörten ihr zu. Auch
Schmatz und Schmierle waren dann natürlich
dabei und horchten gespannt.

Bei Regen setzten

sie sich auf ein Blatt in eine Pfütze und schwammen herum wie

mit einem Boot. Manchmal saßen sie an

solchen Tagen auch zusammen in

Schmierles Haus und unterhielten

sich. Wenn Schmierle sich klein

machte, war in seinem

Schneckenhaus genug Platz

für beide.

Einmal malte Schmatz

Schmierles Haus ganz bunt an. Da hatte Schmierle das schönste

Schneckenhaus, das er je gesehen hatte. Ganz stolz kroch er damit den

ganzen Waldrand entlang und zeigte es allen anderen Tieren.

„Ist das nicht ein tolles Haus?", fragte er jedes von ihnen und verriet:

„Das hat meine Freundin Schmatz mir so angemalt."

Ein paar Tage später regnete es. Schmierle und Schmatz schauten zu,

wie der Regen die Farben abwusch. Das machte lauter bunte

Pfützen, und sie freuten sich darüber. Immer fiel ihnen

etwas Neues ein, und es war ihnen nie langweilig.

So gab es keinen Tag, den sie nicht zusammen

verbrachten.

Im Sommer waren Wald und Wiese
wie ein Schlaraffenland für sie. Da gab es Salat und Kohlblätter, an
denen sie zusammen knabbern konnten. Ganz besonders gerne aßen sie
Erdbeeren. Die waren nämlich ihre Lieblingsspeise, und sie vertilgten so
viele davon, bis ihre Bäuche ganz rund waren.

Wenn es windig war, ließen die beiden zusammen Drachen steigen.

Dazu nahmen sie den Samen von einer Pusteblume

und banden ihn an einem Spinnenfaden fest.

Wenn dann ein Windstoß kam, blies er

den Pusteblumendrachen hoch in die

Luft, und Schmatz und Schmierle

schauten zu, wie er hin und her

wedelte.

Eines Tages aber hatte Schmatz keine Lust, herumzustreifen. Deshalb blieben die beiden bei Schmatz' Blume und unterhielten sich bis lange in den Abend hinein, als der Mond schon längst aufgegangen war. Als sie sich schließlich verabschiedeten, wurde Schmatz ganz ernst und sagte: „Irgendwie fühle ich mich heute anders als sonst. Ich spüre, dass mein Raupenleben sich ändert. Das geschieht bei uns Raupen irgendwann. Gute Nacht, Schmierle!"

Schmierle kroch nach Hause und verstand nicht, was Schmatz bei ihrer Verabschiedung gesagt hatte. „Morgen früh frage ich sie gleich, wie sie das gemeint hat", beschloss er vor dem Einschlafen. Doch als er am nächsten Morgen seine Freundin rief, bekam er keine Antwort. Er schüttelte an Schmatz' Blume, aber alles blieb still. Was war nur mit ihr? Sie kam doch sonst immer, wenn er sie weckte. Da fiel ihm wieder ein, was Schmatz am Abend vorher zu ihm gesagt hatte. Was war nur geschehen?

Schmierle war traurig. Nach einer Weile spürte er, wie jemand an sein Haus klopfte. Als er sich umdrehte, sah er die alte, weise Schnecke Lale. „Warum weinst du denn?", fragte sie. Da erzählte Schmierle von seiner Freundin, was sie am Abend zu ihm gesagt hatte und dass sie heute nicht gekommen war. Lale wiegte ihren Kopf hin und her und sagte schließlich: „Ich will dir erklären, was passiert ist. Schmatz ist gestorben." „Was ist das – gestorben?", fragte Schmierle. „Das heißt, dass für sie ein anderes Leben angefangen hat, an einem anderen Ort. Sie ist nicht mehr hier, und sie wird auch nie mehr wiederkommen. Niemand weiß, wo dieser Ort ist, auch ich nicht. Das einzige, was ich weiß, ist, dass er sehr schön ist und dass es ihr dort gut geht." Doch Schmierle konnte nicht aufhören zu weinen.

„Sie kann doch nicht einfach weg sein", schluchzte er. Lale sagte: „Das ist sehr schwer zu verstehen. Aber wenn du an sie denkst, ist sie in Gedanken bei dir. Auch wenn deine Freundin weg ist, die Erinnerungen an sie werden bleiben." Schmierle verstand das zwar nicht ganz, aber Lales Worte trösteten ihn trotzdem. Auf der großen Blumenwiese fand Schmierle schon bald neue Freunde. Trotzdem dachte er noch häufig an die schönen Erlebnisse, die er und Schmatz gehabt hatten. Ab und zu kam es ihm dann so vor, als ob seine Freundin gar nicht so weit weg war.

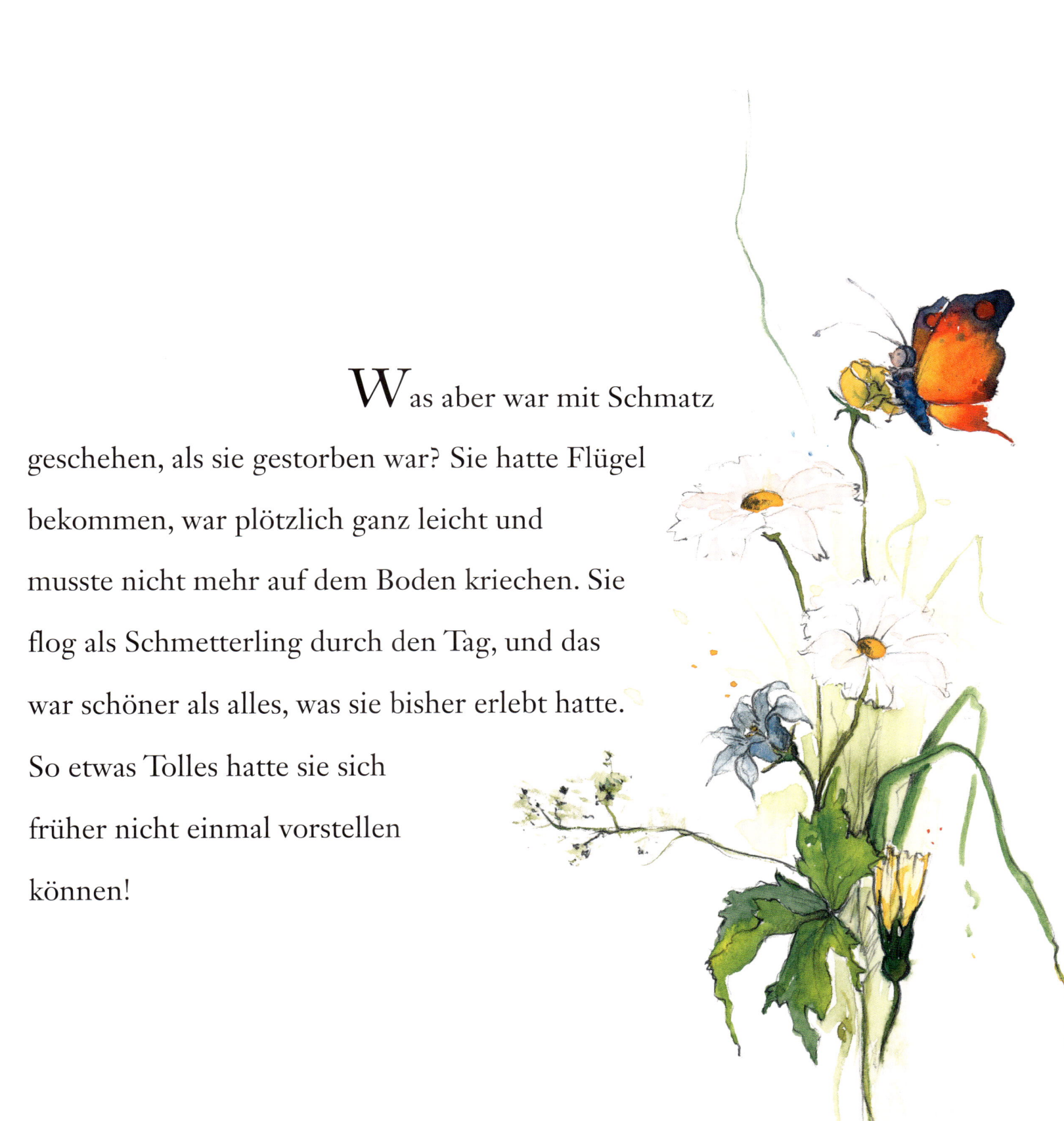

Was aber war mit Schmatz geschehen, als sie gestorben war? Sie hatte Flügel bekommen, war plötzlich ganz leicht und musste nicht mehr auf dem Boden kriechen. Sie flog als Schmetterling durch den Tag, und das war schöner als alles, was sie bisher erlebt hatte. So etwas Tolles hatte sie sich früher nicht einmal vorstellen können!

Bibliografische Information der Deutschen Nationalbibliothek
Die Deutsche Nationalbibliothek verzeichnet diese Publikation in der Deutschen
Nationalbibliografie; detaillierte bibliografische Daten sind im Internet über
‹http://dnb.d-nb.de› abrufbar.

26., aktualisierte Auflage 2025
© 1998 Echter Verlag GmbH, Dominikanerplatz 8, D-97070 Würzburg
info@echter.de
www.echter.de

Druck und Bindung: 1A Media GmbH, Stuttgart

ISBN 978-3-429-01995-2